Anger Rules

"It is O.K. to be angry, but..."

 Don't hurt Others!

 Don't hurt Yourself!

 Don't hurt Property!

나의 _____ (이)라고 불러주세요!

예) 착하고 사랑스러운 ~야! 멋지고 즐겁고 행복한 ~야!

내 이름 :

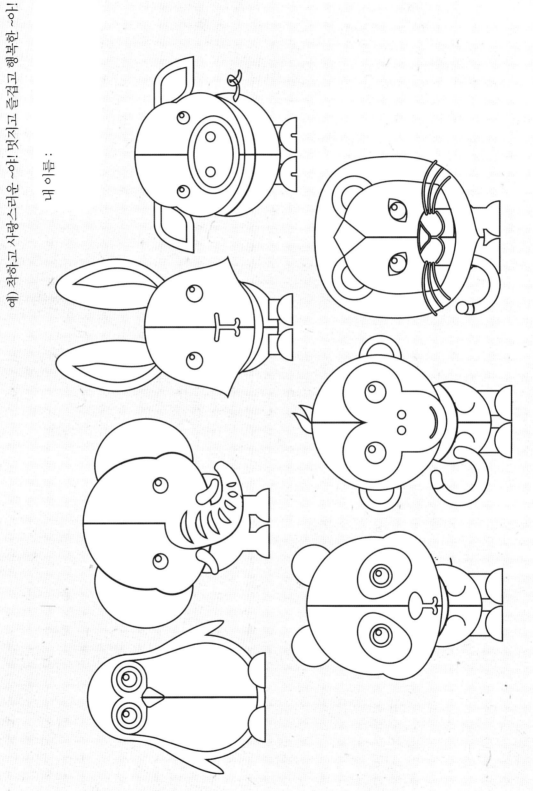

친구에게 받은 칭찬만큼 동물들을 색칠해 주세요~!

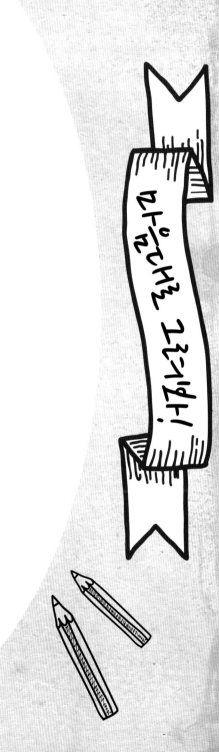

괴물이다!

내가

괴물의 특징:

괴물의 먹이:

괴물을 화나게 하는것은 무엇 또는 누구?

화가 날 때 변화하는 신체그림

- 숨이 가빠진다
- 가슴이 답답하다
- 얼굴이 화끈거린다
- 머리가 아프다
- 인상을 쓴다
- 심장이 빠르게 뛴다
- 주먹이 쥐어진다

수다방, 대화방, 수다모임을 운영하고 있습니다!

수다방

1. 가장 화가나는 일은?

2. 화가 날 때의 반응은?

3. 우리 그룹이 싫어하는 사람의 유형은?

4. 우리들의 화를 잠재우는 방법은?

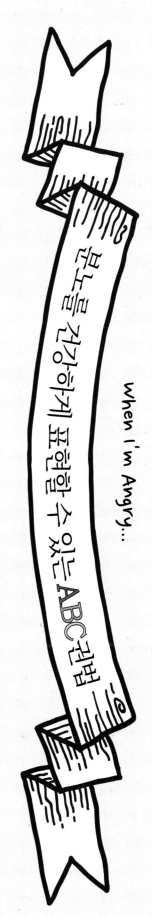

when i'm Angry...

분노를 건강하게 표현할 수 있는ABC권법

A
Aha! Aware!

내 마음이 화가 났구나,
내 마음을 토닥토닥 알아주기

내 마음의 비밀 다이어리:

B
Bling, Bling,
Bell!

느긋함의 벨이 울렸다!

긍정적으로 해결할 수 있는 방법 적어보기:

C
Choice!

나는 이 상황에서
어떻게 행동할까?

내가 할 수 있는 일 중에서
나의 말, 행동 적어보기:

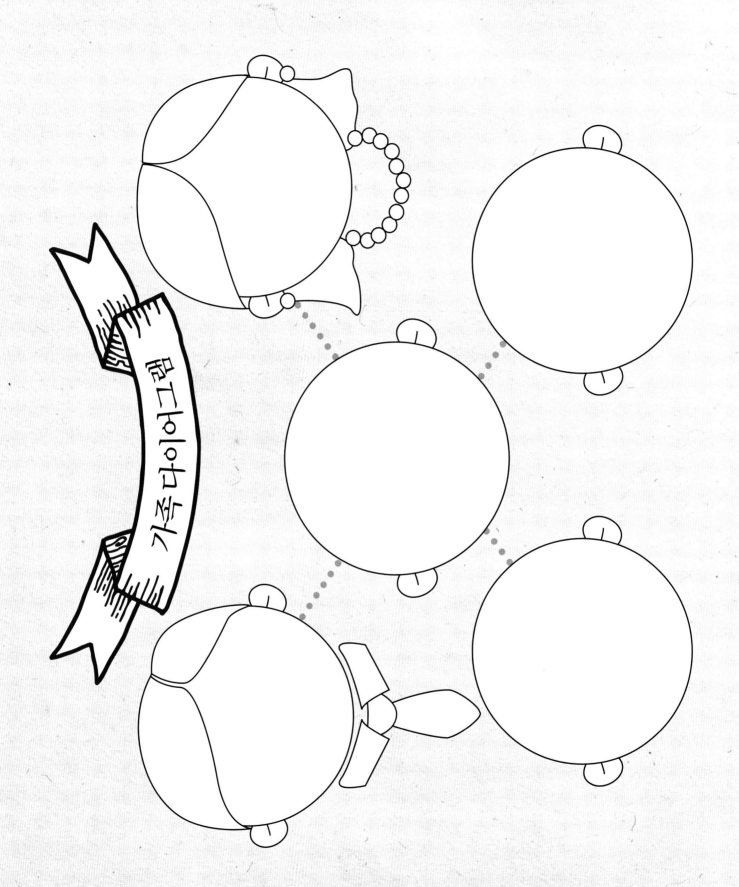

Anger

Anger

분노의 샌드위치

분노를 언어로 해결하는

카메라대화법

눈으로 사진찍고
말로 옮기기

나의 느낌
말하기

내가 필요로
하는 것 말하기

분노를 다스리는 18가지 방법

1 시간을 갖고 분노를 억제하세요.

2 좋아하는 음악을 들어요.

3 자신에게 상을 주세요.

4 폭력적인 게임은 그만!

5 zZZ

6 화가 날 때 열까지 세어보세요.

7 다른사람의 장점을 인정해주세요.

8 글쓰기로 마음을 풀어요.

9 일기를 쓰면 정리해보세요.

10 좋아하는 사람과 이야기해요.

11 ABC 거꾸로 ABC거꾸로 거꾸로 거꾸로

12 단순한 게임을 좋아요.

13 사람들이 많이 있는 곳에 가보세요.

14 조용히 생각하는 휴식을 가져요.

15 이별이로 운동기를 가져요.

16 나를 좋아하는 사람들을 만나요.

17 새로운 열정을 자아내세요.

18 감사한 것들을 세어봐요. Thanks

Healing Activity

 코로 숨쉬고 입으로 천천히 뱉기

 생각할 수 있는 조용한 장소 찾기

 클래식이나 편안한 음악 듣기

 장소를 옮기며 돌아다니기

긴장한 내 몸을 만져주기